पापा मम्मी की हर्ब्स बास्केट

सपना मंगला

यह पुस्तक हम अपने पापाजी और मम्मीजी को समर्पित करते है।
इसमें उनके तजुर्बों को संकलित किया गया है।

क्रम-सूची

क्रम-सूची

क्रम-सूची

क्रम-सूची

भूमिका

प्रत्येक घर में दादा दादी का बहुत सम्मान होता है और सब बात बात में उनसे सलाह लेते रहते है। उनका अनुभव एक खजाने के समान होता है। उनकी सलाह मान कर सब निश्चिंत हो जाते हैं। अपने अनुभवी नुस्खों द्वारा वे घर की अनेक समस्याओं का समाधान बड़े ही सहज प्रकार से ढूँढ लेते हैं। अनेक रोगों का उपचार सहज तरीके से घर पर ही हो जाता है , वो भी बिना किसी साइड इफ़ेक्ट के ।

इस पुस्तक में संकलित सभी नुस्खे घर में उपलब्ध मसालों , पंसारी की दुकान तथा आसपास उपलब्ध होने वाले पेड़-पौधों द्वारा तैयार हो जाते हैं। इन सबको बनाने में भी बहुत कम समय लगता है। इस पुस्तक में कुछ घरेलू प्राकृतिक नुस्खों, जड़ी-बूटियों एवं फलों की उपयोगिता का संकलन किया गया है जो हमारे पापा श्री महेंद्र सिंह मंगला एवं मम्मी श्रीमती सरोज मंगला जी ने इस्तेमाल किये हुए हैं ।

इस पुस्तक में हमारी दिनचर्या में प्रयोग आने वाली कुछ वस्तुओं का उल्लेख किया गया है जिनका प्रयोग हम औषधि के रूप में भी कर सकते हैं।

1

तुलसी

- तुलसी पाँच प्रकार की होती है। यह हर बीमारी के लिए लाभदायक है। यह बुरी रूहों से भी बचती है. नेगेटिविटी को दूर करती है। यह हर पूजा पाठ में प्रयोग होती है।
- इसके पत्ते सुबह सुबह खाली पेट खाने से, चाय में डालकर पीने से बहुत फायदा रहता है। फीवर कम हो जाता है।
- तुलसी का रस नाक में डालने से नाक के अंदर जुकाम या अन्य कीटाणु नष्ट करती है।

- चाय, आदि में डालकर पीने से पेट की बीमारी ,गैस, अफारा , पेट फूलना आदि दूर रहती हैं।
- इसका अर्क भी इस्तेमाल कर सकते हैं
- इसके पत्ते चबाने नहीं चाहिए , दांत गिर जाते हैं।
- फोड़े फुंसी पर मरवा तुलसी घिस कर लगा लें।
- मरवा पेट के कीड़े भी मरता है , चटनी बना कर खा सकते हैं।
- श्यामा तुलसी का रस दानों पर लगाने से ठीक हो जाते हैं।
- तुलसी एयर PURIFIER है , इसे हर घर में लगाना चाहिए।

2

नीम

- नीम antibiotic है , एवम blood purifer भी है।
- यदि सर में फोड़े फुंसी हो गए हों तो नीम के पानी से नहा लें, या पत्ते पीस कर लगा दें। आराम मिलता है। नीम की छाल भी घिस कर लगा सकते हैं।
- कच्चे नीम की पत्तियां खा भी सकते हैं। यह खून साफ़ करतीं हैं।
- नीम के पत्ते उबाल कर पीना कीड़े मारने के लिए अच्छा है।
- नीम की छाल का पेस्ट फोड़े फुंसी के लिए अच्छी रहती है।

- इसकी निंबोरी भी खा सकते हैं। नीम की निंबोरी से तेल निकाल कर कई प्रकार की medicines बनाई जाती हैं।
- पौधों पर इसका छिड़काव , कीटनाशक का काम करता है।
- गरम कपड़ों , गेहूँ , आदि में नीम की सूखी पत्तियाँ रखने से कीड़े नहीं पड़ते।

3

एलो वेरा

- एलो वेरा आयुर्वेदिक दवाइयां बनाने के बहुत काम आता है। यह skin और hair के लिए बहुत ही अच्छा है। इसका रस पी सकते है
- आँवला और एलो वेरा , बाल काले करते हैं।
- कमर दर्द के लिए इसके लड्डू भी खा सकते हैं। लड्डू बनाने के लिए दूध में एलो वेरा मिला कर भून लें और खोया बनने के बाद, भूने हुए आटे मेंबूरा मिलाकर लड्डू बना लें।
- एलो वेरा immunity भी बढ़ाता है। यह skin को चमकदारऔर मुलायम बनाता है।

- बालों में लगाने से hair dandruff ठीक हो जाता है। यह hair conditioner का काम भी करता है।
- इसको चेहरे पर लगाने से कील मुहाँसे भी ठीक हो जाते हैं।

4
आँवला

आँवला हर प्रकार से सेहत के लिए अच्छा है। फिर चाहे इसकी सब्ज़ी बनाएँ , जूस या फिर इसका रस इस्तेमाल करें। यह हमारे blood को purify करता है, और हमारे मस्तिषक को तेज बना ता है। यह हमारे दिमाग को शांति प्रदान करता है।

- इसका जूस नियमित रूप से पीने से immunity बढ़ती है। यह eyes , और hair के लिए भी बहुत ही फायदेमंद है।
- हेल्थ टॉनिक : अलोए वेरा जेल , गिलोय और आँवला का रस बहुत ही लाभकारी हेल्थ टॉनिक है। यह अच्छे पाचन के लिए बहुत ही फायदेमंद है।
- आँवला का रस किसी भी तेल में बराबर मात्रा में मिलाकर लगाने से बाल काले होते हैं।
- त्रिफला : बड़ी हरड़ , बहेड़ा और आँवला समान मात्रा में मिलाकर , थोड़ा सा नमक मिलाकर चूरन बना लें। इसका 1 चम्मच यानि लगभग 5 ग्राम , गुनगुने पानी के साथ नियमित रूप से खाने से कब्ज में फायदा मिलता है।
- आचार: आँवला का आचार बनाने के लिए उसकी गुठली निकाल दें ,उसमें थोड़ा सरसों का तेल, नमक , हल्दी ,अजवाइन , सौंफ, और धनिया मिला लें। इस सब को थोड़ा भून लें। इसको बोतल में भरकर रख लें और इच्छानुसार खाने के साथ प्रयोग करें, बहुत सेहतमंद होता है।
- आँवला का मुरब्बा , कैंडी , मसाला आँवला , तरह तरह के flavours बना कर mouth freshner की तरह प्रयोग किये जाते हैं। जो बहुत ही स्वादिष्ट होने के साथ साथ स्वास्थ्यवर्धक भी होते हैं।

5

बेल

- बेलपत्र मंदिर में चढ़ाया जाता है।
- बेलपत्र चबाने से मुख की दुर्गन्ध दूर हो जाती है।
- इसका फल बहुत ही स्वादिष्ट होता है। इससे शरबत और मुरब्बा बनाया जाता है।

- बेल का मुरब्बा बहुत healthy होता है।यह कब्ज के किये बहुत फायदेमंद है।
- यह गर्मियों में बहुत ठंडक प्रदान करता है।
- यह पेट की जलन को कम करता है तथा पेट साफ़ करता है।बेल ठंडा होता है. गर्मियों में लू भागता है।
- इसका शरबत पेट के लिए बहुत अच्छा होता है। शरबत बनाने के लिए इसका गूदा निकाल कर पानी और चीनी मिला लें।

6

धतूरा

धतूरा भगवान् शिव पर चढ़ाया जाता है।

धतूरे का तेल जोड़ों के दर्द और खुजली के लिए बहुत अच्छा रहता है।

तेल बनाने की विधि : 1 किलो धतूरे के बीज लेकर कूट पीस लें। 1 किलो तिल का तेल लें। दोनों को मिलाकर उबाल लें। इसे तब तक उबालें जब तक सारा पानी ख़तम न हो जाये। ठंडा कर के बोतल में भर कर रख लें। आवश्यकता के अनुसार मालिश आदि के लिए प्रयोग करें ।

यदि टखने या गोड़े में दर्द है तो दर्द के स्थान पर कोई भी तेल (जैसे सरसों) लगाकर धतूरे के पत्ते गरम कर के बाँध लें। आराम मिलेगा।

7

सुहाजना

यह DIABETIS और BP के लिए बहुत फायदेमंद है।

- इसके फूल की सब्जी आलू के साथ बना कर खा सकते है। इसको उबाल कर रायता भी बना सकते है। यह heart के लिए भी बहुत अच्छा रहता है।
- इसकी फली की भी सब्ज़ी या आचार बना कर खा सकते हैं।
- इसको सांभर में भी डाला जाता है।

8

कत्था

- पान में चूने के साथ खाने से कत्था खाना पचाता है।
- इससे दाँत व हड्डियाँ मजबूत होती हैं।
- यह गला ठीक करता है।
- यदि मुँह में छाले हों तो इलाइची और कत्था पाउडर जीभ पर छिड़क कर राल गिराने से आराम मिलता है।

९

गिलोय

गिलोय का काढ़ा किसी भी प्रकार के ज्वर के लिए बहुत फायदा करता है।

काढ़ा बनाने की विधि : इसके लिए 1" मोटा और 2" लम्बे , ४-५ टुकड़े कूट लें और 1 गिलास पानी में 1/2 रहने तक उबाल लें। इस काढ़े को सुबह शाम पियें।

आजकल गिलोय की टेबलेट्स भी बाजार में मिलती हैं।

10

हरड़

- छोटी हरड़ , नमक, और नीम्बू का रस का मिला कर ४-५ दिन भिगो दें । धूप में सूखा लें। बोतल में भर कर रख लें। खाने से पेट से जुडी तकलीफों जैसे पाचन , खट्टी डकार , गैस आदि समस्याओं में आराम मिलता है।
- यदि कब्ज से परेशान हों तो इसको पानी के साथ सुबह खा लें। पुरानी कब्ज में भी काफी फायदेमंद रहता है।

11

कैक्टस

1 हरड़ को कैक्टस के दूध में रात भर भिगो के रखें। फिर अगले दिन छाया में सूखा लें और डिब्बे में भर के रख लें। यदि कब्ज से परेशान हों तो इसको घिसकर पानी के साथ सुबह खा लें। पुरानी कब्ज में भी काफी फायदेमंद रहता है।

2. कैक्टस के दूध की 4 -5 बूँदें , सरसों के तेल में मिलाकर दाद , खाज , खुजली पर लगाने से बहुत फायदा होता है।

3. कैक्टस के दूध में रुई की बत्ती भिगोकर सुखाकर रख लें। फिर इस बत्ती को सरसों के तेल में जलाकर स्याही बनाएँ। इस स्याही को काजल

की तरह आँखों में लगाने से हर तरह की बीमारी में आराम मिलता है।

4. कैक्टस या थोर कूटपीस कर रस निकाल लें। उसकी मात्रा से आधी मात्रा में तेल (सरसों) मिलाकर, मंदी आंच पर उसका पानी सुखा लें। ठंडा होने पर बोतल में भरकर रख लें। यह तेल हर तरह की skin diseases के लिए अच्छा है, जैसे फोड़े, फुंसी आदि।

5. कैक्टस का दूध दांत दर्द में लगाने से आराम मिलता है।

12

गूलर

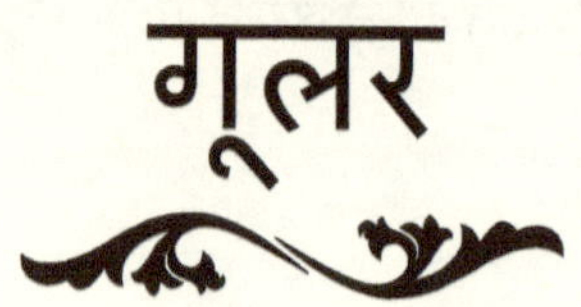

- गूलर के पत्तों का रस पका कर खाने से किसी भी प्रकार के poision से बॉडी की cleansing हो जाती है।
- कच्ची गूलर को पीस कर पका कर जोड़ पर बाँध लें , इससे दर्द में फायदा मिलता है।
- गूलर की सब्ज़ी भी बना सकते हैं।
- गूलर के फल ANTISEPTIC होते हैं।

13

योगराज

यह तीन प्रकार से मिलता है।

साधारण योगराज

महा योगराज (इसमें चाँदी मिली होती है)

महा महा योगराज (इसमें सोना मिला होता है)

ये तीनों ही हड्डियों , गैस की तकलीफ और जोड़ों के दर्द में लाभप्रद है। इसकी 1 -2 गोलियां सुबह और शाम ले सकते हैं।

14

अमलतास

अमलतास की फल का गूदा निकाल कर पानीमें उबालें जब तक पानी आधा न हो जाये। फिर इसको छान लें।

इसका सेवन करने से कब्ज ठीक हो जाती है। यह पेट साफ़ करता है।

अमलतास का प्रयोग बहुत प्रकार की दवायें बनाने में भी होता है।

15

कटेली

इसके पत्तों की भस्म बनाकर रख लें। 1 रती भस्म और 1 चम्मच शहद मिलाकर चाटने से दमा भी ठीक हो जाता है।

इसकी जड़ , तना कूटपीसकर रस निकाल लें और कोई भी तेल खासकर सरसों का तेल मिलाकर skin problems के लिए इस्तेमाल करें , काफी फायदा होता है।

कटेली का फल कूटपीस कर बर्तन में डाल लें। इसको तलवों से दबाएं। तलवों की जलन में आराम मिलता है।

16

उल्टा काँटा

अगर किसी को दाँतों में दर्द की समस्या है तो इस की जड़ को दातुन की तरह इस्तेमाल किया जा सकता है। यह हर प्रकार के दाँत दर्द के लिए लाभकारी है।

17

चंद्रप्रभावटी

- यह 35 वर्ष से बड़े व्यक्तियों के लिए लाभकारी होती है।

- यह पाचन से जुड़ी समस्याओं के लिए लाभप्रद है। यह 2 गोलियां सुबह और 2 गोलियाँ शाम को पानी व दूध के साथ लेने से बहुत आराम मिलता है।

- यह एक टॉनिक के समान है। इसमें शिलाजीत , स्वर्ण भस्म , अश्वंगधा आदि 36 लाभकारी औषधियाँ होती हैं।

- यह शरीर से सारे टॉक्सिन्स को निकालने में सहायता करती है।

- मेरे अनुभव के अनुसार यह GEETA PRESS GORAKHPUR से लेना उचित है।

18

अदरक

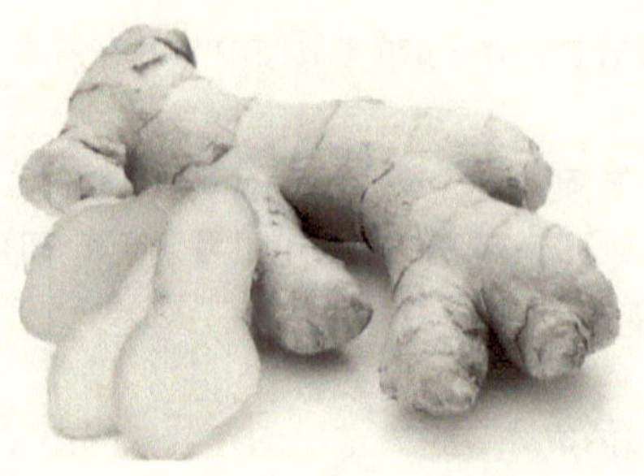

- अच्छे पाचन के लिए

अदरक का रस , नीम्बू का रस और एलो वेरा का गूदा , बराबर मात्रा में लें। इसमें स्वादानुसार काला नमक मिला कर खा सकते हैं। एक दो चम्मच काफी है। अधिक नहीं खाना है, ज्यादा मात्रा नुक्सान दे सकती है। यह पाचन के लिए अच्छा है।

- अदरक चाय में डालकर पी सकते हैं। खाँसी जुकाम में फायदा करती है।

- अदरक की सौंठ बनती है। यह एक बहुत ही लाभकारी मसाला है। सब्ज़ी आदि में डालना चाहिए।

19
सौंफ

- सौंफ खाना खाने के बाद जरूर खानी चाहिए। यह पाचन के लिए बहुत ही अच्छी है।
- इसको आचार आदि में भी डाला जाता है।

20

अजवाइन

खाने के बाद अच्छे हाजमे के लिए

अजवाइन 100 ग्राम

नीम्बू का रस (3 -4)

नमक स्वादानुसार

सब मिला कर २-३ दिन भिगो कर भरकर धूप में रख दें । फिर इसको छाँव में रख कर सुखा लें। इसको कांच की बोतल में भरकर रख लें। खाना खाने के बाद एक छोटी चम्मच खाने से हाजमा ठीक रहता है।

21

अर्जुन

यह बहुत ही लाभकारी है. इसकी छाल heart और ब्लड प्रेशर के लिए बहुत अच्छी रहती है। छाल का १” टुकड़ा रात भर एक गिलास पानी में भिगो कर रखें। सुबह इस पानी को उबाल कर आधा होने दें। इसको दिन में एक या दो बार पी सकते हैं।

22

इमली

यह खाने का स्वाद बढ़ाती है। खट्टा करने के काम आती है। इसको south indian खाने में बहुत प्रयोग किया जाता है।

इमली की चटनी सब प्रकार की चाट में डाली जाती है।

चटनी बनाने के लिए इमली को पानी में भिगो लें। अच्छे से रस निचोड़ लें। इसको गैस पर उबलने रखें। एक उबाल आने पर, इसमें स्वादानुसार गुड़ डाल दें। इसमें थोड़ा काला नमक, लाल मिर्च, काली मिर्च, भुना जीरा, डाल के एक उबाल ओर दें। ठंडा होने पर बोतल में भर कर रख लें।

23

आम

आम से अमचूर बनाया जाता है। इसका प्रयोग सभी सब्जियों का स्वाद बढ़ा देता है। इसका आचार , मुरब्बा , जूस, आमरस , आदि बनाया जाता है।

आम की लौंजी गर्मियों में अच्छी रहती है। इसको बनाने के लिए , कच्चे आम के टुकड़े कर लें। एक चम्मच सरसों के तेल में, जीरा, हींग, मेथी दाना, सौंफ, कलौंजी का छौंक लगा लें और थोड़ा पानी और आम के टुकड़े डाल दें। थोड़ा नमक डालें। इसको ढक कर ५-१० मिनट पका लें। फिर इसमें चीनी या गुड़ डाल कर थोड़ी देर ओर पका लें। आम की लौंजी

तैयार है।

24

इलाइची

यह एक सुगन्धित पौधा है।

इसका प्रयोग बहुत प्रकार से होता है।

यह मिठाई , चाय , आदि में डाली जाती है, और सबका स्वाद बढ़ा देती है।

बड़ी इलाइची का प्रयोग सर्दियों में बहुत फायदेमंद होता है। यह गरम मसाले में भी डाली जाती है।

25

जायफल

यह बच्चों के हाजमा और पेट दर्द के लिए बहुत अच्छा है। इसका जरा सा टुकड़ा २-३ बूँद पानी में घिस कर चटा दें।

इसको बच्चों के पैर के नाख़ून में लगाने से बच्चों को ठण्ड भी नहीं लगती।

26

खजूर

यह गरम होता है।

यह पेट साफ़ करने के लिए बहुत अच्छा है।

खजूर को दूध में डालकर उबाल कर खाने से सेहत के लिए अच्छा होता है। ताकतवर होता है।

इसकी चटनी आदि भी बनाई जा सकती है।

27

कपूर

यह पूजा में काम आता है। इसको जलाने से वातावरण PURIFY होता है।

कपूर तेल में मिला कर सर में लगाने से खुजली , फुंसी, आदि में आराम मिलता है।

यदि सांस की तकलीफ हो तो कपूर को रूमाल में रख कर अपनी जेब में रख लें, आराम मिलेगा।

अगर आप पहाड़ चढ़ रहे हैं तो कपूर को अपनी जेब में रख लें, सांस अच्छी आती है।

28

मीठा नीम

यह हवा को Purify करता है।

इसकी खुशबू खाने को स्वादिष्ट बना देती है।

इसकी पत्तियाँ तेल में डालकर पका लें। इस तरह तैयार किये गए तेल को बालों में लगाने से बाल काले होते हैं।

29

गुड़

यह सेहत के लिए लाभकारी है। इसको चीनी के स्थान पर प्रयोग करना चाहिए।

इसका प्रयोग आयुर्वेदिक medicines में होता है।

इससे मिठाइयां भी बनती हैं।

इसको खाने के बाद मुखवास की तरह भी खा सकते हैं।

30

जामुन

जामुन की गुठली पाउडर sugar patients के लिए बहुत लाभकारी होता है।

जामुन हाजमे के लिए अच्छी रहती है।

जामुन का सिरका भी बनाया जाता है , यह पेट के लिए बहुत अच्छा होता है।

31

काली मिर्च

यह एक गरम मसाला है।

सर्दियों में जरूर खाने में प्रयोग करना चाहिए।

इसका पाउडर, अदरक के रस और शहद में मिला कर खाने से खांसी में आराम मिलता है।

32

दाल चीनी

यह एक गरम मसाला है।
इसको सब्जियों, चाय, में डाला जाता है।
यह antibiotic होती है।

33

लौंग

यह एक गरम मसाला है।

यदि दांत में दर्द हो तो लौंग दांत में दबा कर रखने से आराम मिलता है।

लौंग को घिस कर लगाने से फोड़े फुंसी में राहत मिलती है।

34

पान

पूजा में प्रयोग किया जाता है।
हाजमे के लिए बहुत अच्छा रहता है।
यह मुख का स्वाद बढ़ाता है।
यह पाचन क्रिया'को सक्रिय करता है।

35

पुदीना

यह बहुत ठंडा होता है। गर्मी के मौसम में जरूर प्रयोग करना चाहिए। इसकी चटनी, जलजीरा, आम का पन्ना आदि बना सकते हैं।

इसको शरबत में भी डाला जा सकता है। सब्जियों का स्वाद बढ़ाता है। इसको सुखा कर लम्बे समय तक रख सकते हैं।

36
पिपली

यह गरम मसाला में डाली जाती है।

37
मेथी

यह पाचक और बहुत पौष्टिक होती है।

यह एंटीबायोटिक है।

मेथीदाने को रात में दूध में भिगो कर रखें। सुबह पीस कर घी में भून लें।इस मिश्रण को आटे के लड्डुओं में मिला कर ladoo बना लें. इन लड्डुओं को खाने से जोड़ो के दर्द में राहत मिलती है।

मेथीदाने को तेल में मिलकर पका लें। यह तेल बालों को काला करता है और चमकदार बनाता है।

38

तेजपत्ता

यह एक गरम मसाला है। इसका प्रयोग चावल , सब्जियों आदि का स्वाद और खुशबू बढ़ाता है।

39

गुड़हल

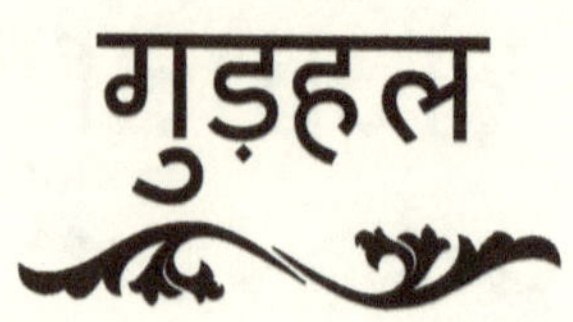

इसके फूल तेल में डाल कर पका लें. यह तेल बाल काले करता है।

40

शंखपुष्पी

शंखपुष्पी का पंचांग दिमाग के लिए बहुत अच्छा होता है।

41

मुलेठी

मुलेठी खांसी के लिए बहुत फायदेमंद होती है। इसका १" टुकड़ा मुख में दबा कर रखें। इसका रस खांसी में आराम दिलाता है।

यह पान में भी डाली जाती है।

42

रीठा

रीठा को रात को पानी में भिगो कर, सुबह इस पानी से बाल धोने से बाल मुलायम बनते हैं।

रीठा के पानी में गरम कपडे धोने से वो मुलायम और चमकदार रहते हैं।

43

भृंगराज

तेल में डाल कर पका लें. यह तेल बालों के लिए अच्छा रहता है।बाल लम्बे तथा मजबूत बनते हैं।

44

बबूल

इसकी दातुन दांतों को मजबूत बनाती है।
इसकी छाल का पाउडर मंजन में भी डाला जाता है।

45

ब्राह्मी

यह तेल में डाल कर पका लें। ये तेल बालों के लिए अच्छा रहता है।

46

पीपल

पीपल के पेड़ की पूजा की जाती है।
इसकी लकड़ी हवन के लिए प्रयोग की जाती है।

47

शहद

शहद बहुत गुणकारी होता है। खांसी के लिए बहुत अच्छा होता है। सुबह गुनगुने पानी में 1 चम्मच श ह द और आधा नीम्बू का रास पीना अच्छे पाचन के लिए अच्छा रहता है।

48

अनार

अनार शरीर में खून को बढ़ाता है।

अनार के छिलके को सुखा कर रख लें। यदि बच्चों को खांसी जुकाम हो तो छोटा टुकड़ा पानी में उबाल कर काढ़ा बना कर ३-४ चम्मच पीला दें। फायदा होगा।

यह सूखे टुकड़े आप छोले बनाने में भी डाल सकते हैं। स्वाद बढ़ जायेगा।

49

हल्दी

हल्दी गुणों से भरपूर है। ये एंटीसेप्टिक है। सभी सब्जियों में डालना चाहिए।

इसका उबटन skin को shiny बनाता है।

इसको चोट पर लगाने से चोट जल्दी ठीक होती है।

हल्दी का दूध bones को मजबूत बनाता है। इसको बनाने के लिए , बर्तन में १/२ चम्मच घी दाल लें, इसमें 1 -2 चुटकी हल्दी धीमी गैस पर भून लें। फिर इसमें दूध दाल कर एक उबाल दें, और स्वादानुसार चीनी डाल कर पी लें।

50

मुल्तानी मिट्टी

यह skin और बालों के लिए बहुत अच्छी है।

यह ठंडक प्रदान करती है।

गर्मियों में घमोरिआ होने पर इसका लेप लगाने से आराम मिलता है।

51

चूना

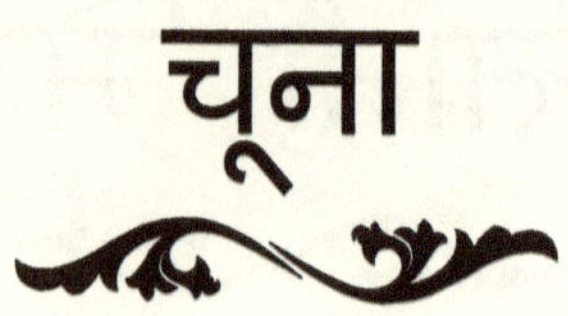

चूना कैल्शियम का स्त्रोत है। यह बहुत लाभकारी होता है। हड्डियों को मजबूत बनाता है। पान में डाला जाता है।

52

सुपारी

सुपारी भी पान में डाली जाती है। यह मुखवास की तरह प्रयोग होती है।

53

प्याज

प्याज लू भगाती है।

प्याज का रस बालों में लगाने से बाल मजबूत बनते हैं।

प्याज के रस में पोदीना मिलाकर 2-4 चम्मच पीने से उल्टी में आराम मिलता है।

54

हींग

हींग का पानी नाभि या पेट पर लगाने से गैस में आराम मिलता है। हींग लगभग प्रत्येक सब्जी और दालों में डाली जाती है। यह खाना पचाती है।

55

बेसन

बेसन का उबटन skin को नरम मुलायम और चमकदार बनाता है।
बेसन का हलवा सर्दियों में बहुत लाभकारी है।
बेसन से सब्जी, ladoo , पकोड़े , आदि बनाए जाते हैं।

56

सुहागा

सुहागा छोटे बच्चों के हाजमे के लिए अच्छा रहता है. जरा सा सुहागा भूनकर पाउडर बना कर शहद में मिलकर चटा दें।

57

फिटकरी

यदि मुँह में छाले हो जाएँ तो गरम पानी में फिटकरी डाल कर कुल्ले कर लें। आराम मिलेगा।

चोट पर फिटकरी पानी में मिलाकर धो दें। चोट जल्दी ठीक होती है।

शेविंग के बाद फिटकरी अपने चेहरे पर लगाएं , एंटीसेप्टिक का काम करती है।

गुम चोट पर आटे या हल्दी में 1 चम्मच गुड़ , १ चम्मच फिटकरी पाउडर , १ बूँद तेल मिलकर पेस्ट बना कर रूई पर लगा लें और चोट वाली जगह पर बाँध लें. सूजन जल्दी उतर जाएगी।

58

मसालेदानी

पापा मम्मी की हर्ब्स बास्केट

गरम मसाला

जीरा - 40 ग्राम

काली मिर्च - 10 ग्राम

लौंग - 8 -10

बड़ी इलायची - 1 -2

तेजपत्ता - 10 ग्राम

सौंठ पाउडर - 20 ग्राम

जावित्री - 5 ग्राम

चक्रफूल - 1

दालचीनी - 20 ग्राम

धनिया - 20 ग्राम

सब हल्का भून कर पीस लें।

चाय मसाला

छोटी इलाइची -20 ग्राम

काली मिर्च -20 ग्राम

सौंठ -20 ग्राम

लॉन्ग -5 ग्राम

सूखी तुलसी -10 ग्राम

दाल चीनी -10 ग्राम

सौंफ -10 ग्राम

सभी मसाले सूखे भून ले| बारीक पीसकर बोतल में भरकर रख लें |

चाट मसाला

जीरा -10 ग्राम

सौंफ -10 ग्राम

साबुत धनिया -20 ग्राम

अजवाइन -5 ग्राम

मेथीदाना -5 ग्राम

इन सभी मसालों को मंद आंच पर सूखा भूनकर पीस लें |

काला नमक -10 ग्राम

सफ़ेद नमक -10 ग्राम

सेंधा नमक -5 ग्राम

अमचूर पाउडर -20 ग्राम

लाल मिर्च -10 ग्राम

नीम्बू का सत -5 ग्राम

लॉन्ग -5 ग्राम

बड़ी इलाइची -10 ग्राम

हींग -10 ग्राम

चक्रफूल -2

सूखे भुने मसालों के साथ ऊपर दिए गए मसाले मिलाकर बारीक पीस लें और कांच की बोतल में भरकर रख लें|

59

अचार मसाला

आम

कच्चा आम - एक किलो

धनिया -20 ग्राम

सौंफ -20 ग्राम

मेथीदाना -20 ग्राम

कलौंजी -5 ग्राम

लाल मिर्च -10 ग्राम

हल्दी -10 ग्राम

हींग -10 ग्राम

नमक - स्वादानुसार

सिरका - 3 चम्मच

सरसों का तेल - 250 ग्राम

नींबू

नीम्बू- एक किलो

नमक - 100 ग्राम

लाल मिर्च - 50 ग्राम

ये तीनों चीज़ें मिलाकर नीम्बू का छिलका नरम होने तक धूप में रखें। अचार परोसने के लिए तैयार है। यदि कुछ समय बाद, नीम्बू का मीठा अचार खाने का मन हो तो, एक किलो अचार में 200 ग्राम चीनी के हिसाब से डाल दें।

मिर्च

हरी मिर्च - एक किलो

सौंफ - 100 ग्राम

धनिया - 100 ग्राम

हल्दी - 50 ग्राम

राई - 100 ग्राम

अमचूर - 50 ग्राम

मेथीदाना -20 ग्राम

नमक - स्वादानुसार

सरसों का तेल - 200 ग्राम

सभी मसाले मिर्च में मिलाकर दो-तीन दिन के लिए रखें, बाद में ऊपर से तेल डाल दें.

60

बच्चों का कोना

<u>अच्छेपाचनकेलिए</u>

1. सौंफ का अर्क और चूने का पानी 1 : 1 की मात्रा में मिलाकार पिलाने से बच्चों का पाचन अच्छा रहता है।

   चूने का पानी बनाने की विधि : पानी में चूना मिलाकार रात भर के लिए रख दें। अगले दिन निथार कर पानी अलग निकाल लें। इसके लिए लगभग २ लीटर पानी में 100 ग्राम चूना काफी है।

   i. कब्ज के लिए इस पानी को साधारण पानी में मिलाकार पिलाइए।
   ii. दस्त में इसको दूध में मिलाकर पिलाइए।
   iii. उल्टी की परेशानी हो तो 1- 2 चम्मच चूने का पानी ग्लूकोज में मिलाकर पिलायें।

61

पाचक गोली

विधि

1 चम्मच जीरा

1 चम्मच अजवाइन

1 चम्मच सौंफ

1 चम्मच छोटी हरड़

1 चम्मच बड़ी हरड़

1 चम्मच नीम्बू का रस

स्वादानुसार काला नमक

सब कूट पीस कर छोटी छोटी मध्यम आकार (1 -2 ग्राम) की गोलियाँ बना कर रख लें। इस सामग्री में लगभग 20 गोलियां बन जाएँगी। आवश्यकतानुसार खाना खाने के बाद खा सकते हैं।

62

बालों की देखभाल

<u>तेल</u>

अच्छे , घने और लम्बे समय तक काले बालों के लिए आँवला का तेल बहुत अच्छा होता है। अधिक लाभकारी बनाए के लिए घर पर आराम से कुछ अन्य चीज़ें मिलाई जा सकती हैं।

विधि :

आँवला 1 किलो

नारियल तेल 1 किलो

दोनों मिलाकर पानी उड़ने तक उबालें। इसको लोहे के बर्तन में पकाना अधिक लाभप्रद है।

इसमें 250 ग्राम भृंगराज का जूस मिलाने से बालों में चमक भी आती है।

इसमें गुड़हल के 5 -7 फूल या कुछ पत्ते भी मिलाए जा सकते हैं। ये भी बालों को चमकदार बनाते हैं।

सौजन्य से

(श्री महेंद्र सिंह मंगला एवं श्रीमती सरोज मंगला जी)इस पुस्तक का उद्देश्य हमारी आगे आने वाली पीढ़ियों को हमारे अनुभवों से अवगत करना है। हम चाहते हैं की हमारे बच्चे इनका लाभ उठायें और एक स्वस्थ्य जीवन व्यतीत करें।हम आशा करते हैं की हमारे अनुभव आपके भी काम आएँगे

सूचना

इस पुस्तक में प्रस्तुत तथ्य निजी अनुभवों के आधार पर संकलित किये गए हैं। इनका प्रयोग आप अपने चिकित्स्क के परामर्श से ही करें।